Natación

Irene Gómez Castellano

Natación

[Premio Victoria Urbano de Creación 2015,
Asociación Internacional
de Literatura Femenina Hispánica]

bokeh ✳

And in me too the wave rises.

Virginia Woolf

Apnea

> Ha cesado en la isla de Formentera la búsqueda
> submarina del cuerpo de la plusmarquista mun-
> dial de apnea, Natalia Molchanova, de 53 años,
> desaparecida bajo el mar durante una inmersión
> el domingo día 2 de agosto. No han dado resulta-
> dos las repetidas zambullidas, de hasta 60 metros
> de profundidad, a lo largo de tres días, de los
> especialistas de la Guardia Civil […] Ahora se
> otea la superficie del mar. Se espera que la mujer
> pez, la reina de la apnea, aparezca flotando en
> algún lugar.

> «Finaliza el rastreo bajo las aguas de la reina
> de la apnea Natalia Molchanova». *El País*, 5 de
> agosto de 2015.

Ayer una nadadora rusa descendió como un ancla cerca
de Formentera con unas pesas de seis kilos en los bolsillos
de un traje de buceo ultraligero diseñado por ella misma y
no volvió a subir arriba. Su especialidad: apnea submarina.

Mi sueño: soportar como ella la presión de no tener aire
y alimentarme de ecos y sonidos sin depender del oxígeno.
Descender por un abismo hecho de palabras y guardar el
aire el tiempo suficiente en el armario de los pulmones
para contarlo.

El astronauta, la buceadora. El ángel, la sirena. La fosa
abisal, el agujero negro. Los pozos donde se me estanca
cuando me descuido el pensamiento. Las palabras, como
las pesas en los bolsillos de Natalia y las piedras en los

bolsillos de Virginia, ayudan a descender a los que no temen la profundidad ni el extraño elemento. Las olas golpeando el pensamiento y sacando de la apnea el brillo de la espuma.

Las palabras, ancla a la que me ato como un escalador novato para descender a pulmón al abismo de mí misma mientras el agua cada vez más fría y acariciante me rodea. Enlazarme la cintura a una cadena de palabras que se encabalgan en lo oscuro de una fosa abisal donde brillan todavía unas cuantas estrellas hinchadas de últimos suspiros y huellas digitales.

Las palabras, piedras en los bolsillos.

El lápiz, veleta y cuchillo que resplandece aguardando órdenes de un general al que se le subió a la cabeza su propia soledad selvática y manda apocalíptico en su reino de monos. Y cuando se enfada, corta el cuchillo y Natalia permanece con un suspiro ahogado eternamente en el pecho. Al final recuerda por un instante que se le olvidó coger las llaves que la devolverían arriba. Sólo cogió las piedras, se olvidó de la llave. Su casa es ahora el mar. Como cinta de alga es agitada por las olas como una de esas gimnastas delicadas del comunismo clavándose la pobre pelvis en el potro por medio punto. Natalia recorriendo a pulmón los estómagos de las piscinas, contando azulejos, sintiendo la vaga repulsión del nadador por la depuradora.

Soy y no soy como ella pez que nació en la tierra. Lo que me gusta es el vaivén de la orilla. Y los trajes de buzo colgados a secarse detrás de una puerta oliendo vagamente a sudor salado y a pescado y a toxicidad de medusa. Eso me gusta y las palabras piedra en mis bolsillos. A veces las saco y se me engarzan al cuello como un collar hermoso y frío de espasmos que parecen orgasmos si no fuera por su atenazante estrangular de espina invisible en la garganta.

Descender a las profundidades de un solo suspiro, tirar las piedras por el camino, y volver para contarlo. Navegar por dentro del rizo de una ola, bañarse sin miedo en las espumas. Poder ponerlas en un plato de petri y observarlas envuelta en la calidez de una toalla. Ver que desaparecen entonces lejos de la humedad de su casa.

Y entonces, como ella, divisar el faro, el mar y la aleta resplandeciente cruzando el horizonte como un señuelo de sirena que invita a navegar de nuevo.

1. Cresta

I shall gather my flowers and present them – O! to whom?

Virginia Woolf & Percy Bysshe Shelley

Piscina

Ya sabes que no importa
cuántos largos hagas
hoy en la piscina: lo bien
que recorras las líneas en silencio
con el lápiz de tu cuerpo.
15, 30, 54: no importa. Nadie
está escuchándote cuando sumerges
rítmica y armónica la cabeza
abrazando silencio bajo el agua.
Cuando nadas todo fluye
dominado por tus brazos.
Tu lengua sólo sirve para escupir
silencios. Muda eres hermosa,
tu pelo deja estelas
sobre los versos del agua sin ahogarse
en el encabalgamiento, en las orillas.
Mírate: te gusta la voltereta ágil
con la que prosigue la fluencia
de tu cuerpo en la corriente.

La piscina es sorda
pero sabe escuchar.
Disfruta del agua
acariciando la tersa
soledad de tu cuerpo
tenso de gozo marino.

Pero las palabras también son
anémonas que guiñan
los ojos al decirlas. Las ahogan
tus dedos si intentas
hablarles con tus besos. Nadie
percibe la caligrafía
oculta entre las aguas
atrapada entre las rayas
de los celestes azulejos.
No subas arriba. Todo es bello
protegido entre burbujas
silenciosas. Tan hermoso
lo que piensas antes de romperse
y decirse en voz alta, antes
de emerger y trocar en largas piernas
sus colas para habitar la superficie.
20, 30, 64 largos. No importa
porque por mucho que nades
por mucho que respires
al ritmo de las olas
tendrás siempre un anzuelo
atravesado entre los labios.

No importa cuántas veces
escribas en silencio
las líneas de la piscina:
a las palabras la lengua las oxida
y las retuerce con su gancho
cuando salen a la superficie.

Tu amor es mi sonotone

Sálvame de este silencio.
Del silencio que me está
volviendo sorda. Casi no escucho
el rugido de mis palabras
ni el ritmo de las olas
ni la lluvia cuando cae.

La música es una breve
vibración en la corriente
y tu amor mi sonotone.
Déjame vivir hecha un ovillo
en la caracola de tu oído:
quitarte los tapones, desatarte
del mástil de ese barco de piratas
y arrastrarte abajo, a las aguas
profundas de mi canto.

Wiped Out

Wipe Out: en sí misma no es una maniobra, sino
una caída. Es cuando pierdes el control de la
tabla y no puedes evitar caer. Ojo con el fondo,
que si es rocoso, te puedes hacer mucho daño.

(Diccionario básico de maniobras de surf)

Sirena, me das pena.
Cambiaste, apenas niña
la cola tornasolada de ilusiones
por un par de largas piernas
y zapatos de tacón. Creíste
que hacías un buen trato.
Vendiste tu lengua, el precio
para vivir en la tierra, verticales
tus caderas. Y te dedicaste a callar
–a ondear suave tu pelo en banderola
porque no querías asustar
a los hombres con tu canto.

Te hundiste en el silencio, fuiste
toda sonrisas: así te anclaste a un espejo
y te hiciste a ti espejismo. Te confiaste
a la ilusión, falso reflejo en lejanía
de un socorrista dormido
a escondidas, al recaudo
de sus gafas oscuras que fingía
protegerte de los pesados tiburones

y que te llamaba a veces muñeca
con cara de sueño al despertarse.
Tragaste el dulce anzuelo y te dijiste
que te gustaba cobijarlo en la garganta.

Atrapado en la concha como un grano
de arena ibas haciéndote dura en cada
lágrima, tragando perlas en silencio.

Pero el brillo de ese espejo se ha vuelto
ahora óxido y tú estás presa de tu rabia
como una barracuda sin dientes.

El príncipe sigue dormido. Con esos
tacones no llegarás muy lejos
en la playa. Los barcos ya no se paran
a escucharte. El horizonte
es un cuchillo atravesándote los ojos
con el brillo de un sol blanco,
una brújula inmensa que parpadea
vidriosa como esa vieja muñeca
que dejaste hace tiempo en casa
de tus padres: vengativa de abandono,
a la que se le gastan (aunque nunca
del todo) las pilas en la espalda
y habla y chirría y te llama
veleta que gira inútil, sin norte
que la ancle, abrazada por un alga
que quiere escaparse
como lágrima inmensa por los ojos
insomnes allá abajo en el Titanic.

Café con sátiro

Los sátiros son una especie en peligro de extinción.
Los pocos que quedan andan disfrazados
y deambulan entre ciudades incongruentes
como vampiros trasnochados y hermosos.
Los hay que hasta beben café descafeinado
en afán de disimulo inútil con especialistas.
Algunos trucos los descubren: gírate
a por un poco de azúcar y el sátiro
irá inmediatamente a pellizcarte el culo.
Agacha la cabeza y podrás verlo
tomando posesión de tus tetas
con sus ojos como pezuñas. O háblale
de otros hombres: empezará a ponerse violento.
Sobre todo no lo llames por teléfono
o se pondrá a gritarte su secretario neoyorquino.
Ahora, aquí entre nosotros,
quiero que sepas que conozco tu verdad,
que no tienes por qué ocultar conmigo
al animal que se agazapa en tu cintura.
No tienes que tomarte el café descafeinado.
Antes de que te extingas y contigo tu especie
que languidece exiliada de su selvático paraíso
quítate, por favor, las camisas de Ralph Lauren:
tuerce la raya de tus pantalones, quítate
las gafas y enséñame el secreto, la cicatriz
que trazaron las ramas del bosque
sobre la mitad de tu vientre.

Quiero que mientras te bebes un descafeinado
y me hablas de libros y mujeres con olímpico desprecio
me muestres tu cabellera blanca, tu miembro de caballo,
tus pezuñas de cabra y la nariz chata
cuya punta borró el tiempo de tu cara.

Quiero que me huelas como el jabalí a su trufa
y agarrarme de los pelos de lobo en tu cintura
mientras la mitad hombre que ahora te domina
me recita entre poemas propios los ajenos.
Antes de que te vuelvas al bosque donde naciste
y te lleves contigo a los silenos de tu especie
cántame con tu flauta, coróname con tu yedra,
fíngeme tu ninfa.

Príncipe de Beukelaer

Desde que te vi un día
tomando notas en un congreso
como un filósofo poseso
borracho de teoría
me pregunto si llegará el día
en que pueda merendarte
pues tengo ganas de probarte
Príncipe de Beukelaer.

Todo es formal en ti
pero no el centro;
los mensajes los comienzas
con un Estimada y pones
esfuerzo entrañable y dulce
en los puntos de tu galleta
y rematas tus sentencias
con suaves bordes de colegial.
Te enorgulleces en la autenticidad
y crees en causas perdidas
con tierno afán intentas evitar
la confusión íntima del lenguaje
omites los besos y abrazos
con que otros cierran su discurso
existes con vehemencia
te revistes de paciencia
mordisqueas los bordes
posponiendo siempre

el placer de tus adentros.
Dos galletas circulares
abrazan tu dulce centro
ocultando con modestia
la oscura capa de chocolate.
Qué placer degustarte
y pasar una tarde de domingo
haciendo contigo los deberes
tomando juntos la merienda.

Las musas inquietantes

En vez de sentarme en esta mesa
a escribir mis pobres versos
¡cuánto hubiera deseado ser tu musa
y alcanzar de tu mano la terrible
y esquiva Fama sin que hubiera habido
siquiera que armar un solo verso!

Cómo me hubiera gustado ser tu reina Mab,
traer en mi carro alado lluvia de pensamientos
poéticos y tristes sin que hubiera que escribirlos
ni deprimir a la gente con constelaciones
ni estrellas rotas o feminismo trasnochado.
Y contemplarme siempre joven, fuera de mí misma.

Cómo me hubiera gustado mirarte pícara
y condescendiente fingir ignorarte
mordiendo una perla en tu sofá
esperando ser pintada por tu pluma
en vez de tener que enfrentarme sola
al poco favorecedor espejo de mis versos.

Alas, la poca belleza que me dieron
los dioses se esfumó hace tiempo ya
y sólo me quedan mis musas inquietantes.
Ellas mismas me recuerdan, pues son sabias:
si no te escribes tú, nadie lo hará.
Cuánto me hubiera gustado ser tu musa

en vez de poeta de mis imperfecciones
y no tener que tejerme y destejerme
deshilacharme en verso hasta quedarme
desnuda y tiritando, sin identidad, de frío.
Cuánto me hubiera gustado ser tu musa
e inspirarte poemas que ni siquiera entiendo.

Pasar a los libros de historia atada por las letras
a tu mano y ser nombrada por los biógrafos
en vez de mendigar lectores con algunos pocos
versos desesperados de profesora de prostíbulo.
Cuánto me hubiera gustado ser tu musa
y no ser parte de la masa. Pero me faltan carne

y aliento de musa: nada que hacerle salvo
escribirme a mí misma en poemas que quizá
leerás con pena un día. No haber tenido
que vestirme de versos y vengar tus desdenes
con una caída de ojos de dama petrarquista:
torturarte e ignorarte por el bien de la Poesía.

Ninfas en la piscina

La una me susurra agorafóbica
que me quede en casa y espere a que llegue
la noche y pueda sumergirse a gusto y sola
sin ojos que juzguen las imperfecciones
de su cuerpo que no sabe a qué atenerse.

Sin saludos, sin sonrisas: sola
en el amado silencio submarino.

La otra, que ama el bullicio y la fiesta,
no puede trabajar en silencio y se baña
en la luz blanca del mediodía. Cree que la sangre
es sangría y me invita a saludar a todo quisqui
con sonrisa y pareo, y ¡Hola! y gafas
de sol extra grandes, y aun sabe cuidarse
de que no se le moje el pelo al zambullirse
para que no se le pongan verdes las mechas.

Los ecos de sus risas vibran
como narcisos en la superficie celeste.
¿A cuál escucho? Las dos son mis amigas,
y a las dos, como a mí, nos gusta el agua.

II. Valle

La niebla se estrecha, cada día más,
contra la casa. Anoche soñé que, por
entre las rendijas de puertas y venta-
nas, se infiltraba lentamente en la casa,
en mi cuarto, y esfumaba el color de
las paredes, los contornos de los mue-
bles, y se entrelazaba a mis cabellos.

María Luisa Bombal

there is a shipwreck on each side of
innuendo

Kari Edwards

Hielo negro

Justo ahora que el invierno
parece haberse acabado y los muñecos
de nieve se derriten en cómicas caricias
de blanco bizcocho que subió
demasiado alto, demasiado
rápido para volver a hundirse
en el festivo plato de su abismo;
justo ahora cuando me atrevía
a escuchar de nuevo a Luis Miguel
y bailar pegada a Sergio Dalma:
justo ahora me sorprendes
bajo el pleno sol de mediodía
en lo más agudo de mi canto
y me esperas como hielo negro
brillante y silencioso
en esta curva del camino
–y me despeño y me hundo
alegre en ti cual niña que corta
el lago recién helado
con sus patines nuevos:
una advertencia lejana
piruetea y se ahoga
el volante en un instante
navegando entre crujientes
algas cristalinas. Beso
lentos peces que duermen
con los párpados abiertos

espeléologa asesinada
por un carámbano de hielo
empalada en el brillante
espejo titilante: hielo negro
bailando juntos aguda estrella
que pestañea *voy a apagar la luz*
para pensar en ti.

Al partir

Cuando finalmente llegue
el momento anticipado
de la separación eterna
te gustaría ser como el ciervo
que se aleja imperceptible
del resto de la manada
y se retira a un claro del bosque
a dejarse morir de viejo.
O como el esquimal enfermo
de camino al helado horizonte
tras la definitiva despedida
oyendo con calma el gemido
del lobo y el aullido gélido
del viento de los polos.

Te gustaría al despedirte
ser como el capitán del Titanic
que arregla sus excesos
con adusto honor inverosímil:
como un Houdini que sonríe
rodeado de cadenas en la asfixiante
pecera con barrotes. No temer
ni a la locura ni al frío ni a la niebla.

Te gustaría ser digna y triste
como un decimonónico duelo
caminar con apresto y mesura

a la señal de vuelta –¡caballeros!
veinte pasos hacia este lado–
y mantener el pulso de acero
y el último traje bien planchado.

Te gustaría poder hacer un chiste
como un pirata que muere sobre la tabla
con las botas puestas y sonriendo apuesto
al grumete que lo empuja desde el borde
con una pata de palo. Te gustaría
poder sonreír mientras te sumerges
cual don Álvaro en tu satánico sino
y bailar al compás con las alas rotas
y pintarte de púrpura los labios
con el carmín de tu sangre; tararear
con tiento esta canción triste y ligera
y no agarrarte a las piernas
no componer encendidas súplicas
que nunca serán dichas en voz alta
no cagarte en los pantalones
no mandar mil correos no hacer
mil llamadas no perder el rumbo
ni el pulso ni la dignidad: esa palabra.

Happy Birthday

La casa, impoluta,
muestra orgullosa las cicatrices
que ha dejado en la moqueta
la boca de la aspiradora
con su rictus imperturbable
y deja entrever el perfume
suave y seductor del amoníaco.
Se consume la vela de vainilla
incendiada en el baño.
Una tarta chillona aguarda
presa en su caja blanca
el momento del sacrificio.
Los aperitivos están servidos.
Los globos se balancean
suavemente
al vaivén de la brisa que suspira
el aire acondicionado.
Afuera, el césped recién cortado
ahogado en pesticida
muestra su mejor semblante
aunque, rebeldes, las malas hierbas
conspiran con asomar sus cabezas
como vecinos cotillas
como *stalkers* vagamente familiares.
Ya llegan los primeros invitados
con sus hermosos paquetitos,
fingimos que nos conocemos

y ya llega el baile, la zumba
coreografiada por una mujer de Chile
que dice ser latina y que tiene un apellido
anglosajón y que baila con tristeza de madre
emigrada La cucaracha la cucaracha
ya no puede caminar.
Los niños saltan, mirando al vacío,
mientras alguno, más pequeño, llora
asustado por el ruido en las esquinas.
La gente canta Happy Birthday en inglés;
todos pretendemos estar contentos bajo el toldo
mientras el sol ajeno ve pasar los años de mi hijo
sin importarle que no haya abuelos ni tíos ni primos
en esta fiesta de cumpleaños llena de desconocidos
triste como una gasolinera abierta y solitaria
parpadeando sus luces seductoras
al vacío de la noche.

La plancha

Agua destilada
lágrimas sorbidas
antes de nacerse,
cestas de mimbre,
trapos estirados y sábanas que vuelan
sus alas plegadas con emoción contenida.
En el fondo, la radio suena
su letanía que grita
sobre cosas que no importan.
La lámpara cae sobre nuestras cabezas
la tarea, angustiosa, en las manos,
palpitan las sienes anticipando
la pregunta misteriosa
de una monja sádica y peluda.
Los calcetines plegados
como huevos perfectos y azules
esperando un nuevo día
para volver a ensuciarse.
La plancha resopla, tímida pero firme,
su vapor silencioso, ahogado,
suspiros de agua destilada
domados por suavizante.
Un reloj anuncia
la hora de la soledad,
un calcetín espera,
separado del grupo,
la aguja y el dedal

que curarán su verguenza.
Una lluvia fina cae,
y ya es de noche,
y papá todavía no ha vuelto a casa.

Isla de cocina

Now I live here, another island
That doesn't seem like one.

Elizabeth Bishop, "Crusoe in England"

Como la casa de muñecas
mil veces soñada y nunca poseída
en la austeridad de tu infancia,
esta casa lo tiene todo: su marido
americano y alto, apuesto y maduro,
el hijo rubio como un príncipe
etéreo y caprichoso,
su escalera blanda enmoquetada,
su chimenea con sus troncos de cartón
como una falla olvidada
que se enciende con luz de gas
y cuyo brillo no da calor.
Su cocina con su despensa
y con una isla en el centro
para entretener a los invitados
de las fiestas que deberías estar organizando
para celebrar lo feliz que eres
sonriendo con tus dientes perfectos
que te han costado un ojo de la cara.
La feminista que llevas
pisada bajo los tacones
no te permite hacer dieta
ni pensar en liposucción

pero hacer dieta es todo lo que piensas
mientras te comes un mundo
que te parece haber robado sin darte cuenta
cleptómana de una vida que no es tuya.
Pobre Marni rechoncha
cuando atracas cerca de esta isla
una ola te baña los pies de sangre roja
y como un conquistador perdido,
las palabras te resbalan
como cuchillos escondidos.
Entonces el vino, el baño, las flores cortadas
y la luz palpitante de las velas
son tu único consuelo
estrellas titilantes
de un barco a la deriva;
anestesia y drogas elegantes
para madres profesionales de familia.
Junto a los helechos colgantes
que se mueren en invierno
la madera cede ante tus pies
y se vuelve ligeramente blanda
apenas repulsiva
y te recuerda que bajo tus pies
hay un metro de espacio
una buhardilla subterránea que llaman *crawl space*
llena de serpientes y arañas, de ciempiés
y quién sabe qué otras horribles criaturas
con las que también soñabas de pequeña
cuando no tenías casa de muñecas
sueño y pesadilla todos juntos.
Un hombre viene y la inspecciona de vez en cuando

para comprobar que no hay carcomas
mientras mi hijo se asoma curioso
por el dintel de la pequeña puertecita
su mundo sólo a unos centímetros, unos *inches*
del nuestro.

En esta casa

La han arrancado de su hábitat: por mucho que
/ te empeñes,
nada sobrevive en un clima al que no pertenece.

Elena Medel

Porque cuando todo va bien
algo se mancha,
en esta casa
todo se está
rompiendo.
Ya son trece
años los que
erosionan
imperceptibles
los rieles de
las ventanas
que ya no pueden
abrirse las
puertas que
chirrían
descolgadas
de sus altares.
Un día abres
el lavaplatos
para encontrar
que las tazas

siguen sucias
por dentro porque
las espirales de
agua no pueden
ya llegar tan adentro
un moho va enterneciendo
las paredes poco a
poco los rincones
donde nunca llega
el tubo de la aspiradora
por mucho que se
estire empiezan
a pedir ayuda
antes de que sus
bocas sean amordazadas
para siempre invisibles
bajo las capas de
polvo.
Hay ciertas cosas
en algunos sitios
en las casas que
ya no pueden
limpiarse. Una
grieta un sótano
una caja de recuerdos
que nadie quiere
reconocer que
existe. Una
moqueta vieja
por ejemplo por
mucho que la

aspires nunca
deja de abrazarse
a sus pisadas
viejas. Un colchón
que se hunde sigue
estando hundido
aunque le des
la vuelta. Es difícil
arreglar algo que
ya no vale la pena
pero recuerda que
una casa es una casa.
Las velas, unos
cojines nuevos
la nevera llena
una nueva cafetera
quitar malas hierbas
cortar el césped
hacer un café
todo ayuda a
tapar la evidencia.
A veces lo lógico
cuando una noche
tras otra despiertas
envuelto en sudor
es cambiar todo
el sistema de aire
acondicionado.
Pero las personas
las personas son
más difíciles de

arreglar y a veces
sólo es posible
marcharse y no
volver a entrar
nunca en la mansión
venida a menos.
Pero dónde irás
dónde pasarás
la próxima noche
y el terror a la
intemperie y al
bosque ulula
y regresas
a casa con un
bonito ramo
de flores frescas
y un nuevo filtro
para el aire
acondicionado.

Hervido (recuerdo infantil)

Bullendo, hirviendo,
con alegría de mártir
y de virgen paleocristiana
las patatas bailan
su danza de la muerte
con las judías verdes,
esperando la modesta cena
sobre el fregado mantel de hule
bullendo, hirviendo,
en la olla exprés.

Un bonito regalo
de bodas que te hizo
tu madre.

Si se te olvida poner la válvula,
la olla explota:
las patatas nos darían en el ojo
y las judías verdes, blandas e hilosas,
treparían sobre nuestros brazos
huyendo como lombrices,
como caracoles de paella,
estirando sus tentáculos
como peces que se asfixian.

Ponla, pon la válvula,
vamos a regarnos con su pitido

y a comer alegres el hervido
en nuestro campo de concentración cotidiano.

Amor de madre, *por Antonio Muñoz Degrain*

Es un lienzo impresionista
hecho por un pintor valenciano
al que le gustaba pintar
cristos iluminados
caminando sobre las aguas
ofelias, magdalenas y escenas alegóricas de tipo simbolista
—bastante cursis por cierto
ya entonces pasadas de moda.

Quedaría perfecto en un salón
del Ayuntamiento o colgado
en las paredes de una horchatería.

Pero no puedo evitar mi mal gusto.
Yo nací en Benicalap
me crié en la Ciudad Fallera
y pasé mi adolescencia
en el barrio de Marchalenes
también llamado Zaidía
rodeada de carnicerías
y mercadonas y fincas
con ropa tendida:
bares melancólicos
de tabaco y carajillo
y menú del día
y deslunados tristes
y un eterno partido

de fútbol amordazado
por azulejos fregados
con lejía.

Por eso se explica
bien que me guste
tanto desde pequeña
este cuadro hortera
de un pintor
que quiere
y no puede
ser Sorolla
o Madrazo.
Hay algo en él que me llama
irremediablemente
hay una voz ahogada
entre sus aguas pintadas
que grita mi nombre y me estira
el pelo como una riada que me arrastra
hasta el remolino de este lienzo inmenso
que visité un día de pequeña
en una excursión en autobús.

Hasta aquí llegó la riada,
dice el cartel tímidamente
junto a una casi imperceptible
raya roja.

Amor de madre.
Ahí asoma, tímida,
con su ironía dramática

el techo de una barraca con su cruz en la punta
en la margen izquierda del río desbordado
que cubre el lienzo
con pinceladas enfadadas y pastosas
como arenas movedizas.
Una breve puerta de hierro
ha sido forzada por la corriente
y lo que antes era un huerto
ahora yace sumergido
bajo las aguas marrones.
Un árbol seco parece querer agarrarse
con sus ramas al cielo,
en inútil súplica
de Dafne convertida ya en laurel
ahogada en sus ramas paralíticas.
Toda la escena ha sido grabada
utilizando un foso enorme
de aguas oscuras que yacen
quietas junto a las aguas
calmas del mediterráneo
en la ciudad de la luz.
A su lado, emerge del agua
el brazo titánico de una labradora
su cabeza está ya cubierta por agua y barro
en pathos violáceo
de medusa llevada por las olas
al borde de la playa
atacada dulcemente
por niños piadosos
que la entierran viva
o la empalan con el palo

de una alegre sombrilla
sí, la cabeza ya está cubierta por agua y barro
pero su manga intacta, imposiblemente seca
se yergue almidonada en triunfo de abnegación trágica.
Quién pudiera usar una grúa
de pluma abandonada que gira
como veleta sobre las torres vacías
de la extensión de la alameda
para echarle una mano.
Sobre el brazo, llora un bebé
rubio, grande y hermoso
al que las aguas
no han tragado todavía.
Amor de madre,
tragedia en la Albufera,
encerrada en un museo
municipal
te cubren con su sombra
luminosa y hueca
fantasmas blancos
espantosos monstruos
navegando a la deriva
sobre las aguas espejadas
de la ciudad de las ciencias.
Laocoonte levantino,
ahogándote con tu hijo en triunfo,
amor de madre.

Jane Eyre escucha la voz
de Edward Rochester en Moor House

Hace frío. Se abre,
de golpe, una ventana
y penetra la voz amada
casi olvidada
de Mr. Rochester
pobre
solo
manco
ciego
viejo
quemado
rodeado de ruinas.
Edward Fairfax Rochester.

Jane,
Jane,
vuelve...

Así quiero que me llames un día.

Irene,
Irene,
vuelve...

No tendré miedo de volverme loca.
Haré las maletas, me lavaré el pelo

e iré a buscarte.

Besaré tus muñones
pintaré tus quemaduras
limpiaré las cenizas de tus ojos
y me quedaré a tu lado.

Y al morir vagaré como un fantasma
y atormentaré los páramos
como Cathy atormentaba a Mr. Heathcliff.

III. Espuma

I'm not one to cut the knot by drowning
myself in any body of water, [...] no mat-
ter how it has been raining.

Djuna Barnes

La chica del Ragudo

Pastor de autopista solitario
yo invoco tu pensamiento
el palimpsesto de mi cuerpo
sobre una página doble de Playboy:
mira mi silueta plegándose
a los contornos del papel
mi cintura se aprieta
mis pechos crecen
mi culo se levanta
mis piernas se alargan
mi mente desaparece
bajo el toque de tus dedos
—camionero culto
pastor de mis sueños
Leriano en su cárcel de gasolina
escucha mi voz llamándote
por la radio de los taxistas:
apartándote del camino
desde el GPS llevándote
a esta carretera solitaria
que ni siquiera sé si existe.

Cuando pares a pasar la noche
en ese motel mírate en mi espejo
y verás la cara de un fantasma sonriente
y terrible, un fantasma de deseo
que quiere tatuarte su nombre

en el corazón con letras de sangre
o arrancártelo para siempre.

Mírame esperándote en la cuneta
en esa curva misteriosa:
aquí me maté yo, camionero,
no mires para atrás, no mires
sigue adelante en tu camino
escríbeme en la lluvia
mira cómo te saludan mis ojos
con sus luces largas
deslumbrándote el deseo.

Hombre bala

Eres como una de esas balas
suaves y hermosas que sólo
dañan definitivamente cuando
han llegado al destino cobijadas
al abrigo del centro de la carne
y lo rompen todo, silenciosas,
desde dentro en una rosa
granada de la muerte.

Agonía de las estrellas

Sick starfish develop lesions on their bodies and begin to twist their arms into knots. The arms then crawl in opposite directions until they rip off. The starfish are unable to regenerate new limbs and die within 24 hours.

Retuerce sus brazos blandos picos
móviles sobre la cuna de un niño
la estrella la estrella de mar
se estrella a sí misma partiéndose
en dos en tres en cuatro cinco
pétalos caídos de margarita deshojada.
La estrella escuchó un día cualquiera
sin darse cuenta realmente
empujada por las corrientes
una música suave y luminosa
que resultó proceder
de la sirena y su canción.

Ay no la escuches no la escuches
ya te avisó tu madre en su estertor
de silencio, con los ojos
salidos de miedo sobre cucharas
que no escuches su canción.
Como las estrellas, cuanto más brillas
más te expones a apagarte.

La estrella rota, estirándose, estirándose con contorsiones circenses de ceja suicida, lagartija mutilada con la cola aún vibrante, angustia de pulpo paralítico la estrella naranja como girasol ciego medusa agonizante tomando el sol al mediodía.

Primero estira una pata
luego estira la otra
como un hermoso joven
leproso que agitara sus muñones de momia
apocalíptica mendiga pidiendo dinero
sin manos cabeza que pierde
sus cabellos a mechones
lánguidos en la basura
la estrella de mar
se parte en dos en tres en cuatro
patas muertas hasta que
sus pequeños hilos intestinales
se escapan por las costuras
deshilachadas episiotomía
ay dolor sin fruto la estrella
retorciéndose en su propio dolor de cremallera rota
de boca sin dientes
de botón abandonado entre dos ladrillos del metro
de carta de amor que nunca llegará a su destino
la estrella de mar la estrella de mar
y sus triángulos de sandwich mojado llevados por las olas
alegre fiesta de cumpleaños en el yate que acabó en naufragio.

Mientras tanto, un grupo de científicos vestidos con batas blancas observan su danza de la muerte tras un cristal de pecera, intentando describir la profundidad de su dolor incomprensible en palabras frías
intentando salvarse asépticos del contagio de esta peste esta epidemia
intentando resolver este enigma de esfinge de puzzle abandonado cuyas piezas absorbió una mañana de viernes la aspiradora
como el pendiente que se tragó el remolino de la bañera
dejando al otro
viudo, su brillo atrapado mirando
desde el fondo de un joyero de terciopelo
ligeramente repulsivo
como el ojo atravesado de un cíclope.

Cuando abres la oscura caja
la bailarina aún gira resignada
en su círculo rosa pero en vez
de agradar su música metálica
de nana de tiovivo antiguo
la vibración de su tul polvoriento
dan un miedo incomprensible
de bulto misterioso acechando bajo la piel
de eclipse de luna peca de bordes irregulares
de temblor insospechado en la punta
de los dedos que escriben.

Más arriba, en una especie de solidaridad cósmica, algunas estrellas rojas empiezan a volverse blancas y pierden su forma como pechos caídos. Si la estrella tiene suerte, sus patas se vuelven materia interestelar y un día cualquiera se convertirán en una nueva estrella y girarán felices en una nueva galaxia luminosa pero si por el contrario la estrella no tiene suerte realmente no me preguntes por qué pasa esto porque no lo entiendo

—sólo mírala oh mírala— se convierte pobre estrella apagada y fría que un día brillaste orgullosa y grande se convierte no sé si se convierte pero llega a lo que llaman los científicos un punto de no retorno, y desaparece para toda la eternidad en un agujero negro.

Catéter

Por via intravenosa
pueden administrarse
glucosa y fármacos,
sangre, morfina, plasma
e inyecciones letales.
A través de un tubo
también llamado catéter
que se inserta en vena
en medio de incómodo
silencio de funerales
fiestas va la aguja
buscándote buscándote
hasta instalarse en la vena
como sanguijuela plástica
chupando con la boca
adormeciendo con su beso
para que no percibas
su incómoda estancia
en lo más profundo
de tus senos. Las venas
se gastan y otras se abren
como flores en la noche,
como se abre la casa
a un soldado enemigo:
con familiar desconfianza
de la más íntima clase.
En el brazo mana un grifo

que gotea lágrimas
con lentitud misteriosa
de tarde de anochecer
lentísimo e insomne.

Y la espera boca arriba
y los gritos a lo lejos.

Descosida

En el retal roto de la noche
justo ayer brillaba, bordada
una estrella. Y las galaxias
giran en frágiles hilos de araña
y nadie recuerda ese fragmento
del firmamento que tapaba
las costuras de tus miedos
en la noche. Y la estrella
vagando en su agujero
negro gritando eternamente
en el vacío móvil del insomne
llamándome y no poder
darle la mano sin que me
arrastre con ella, estrella
destella sola descosida
suicida aterida en el
inmenso telar del
universo reverso
de un tapiz que
anudan las manos
tercas de las Parcas.

La canción del melanoma

Y llega un día
un día como un día cualquiera
parecido como una célula
se parece a otra célula
como una peca
se parece a otra peca
como una estrella
se parece a otra estrella
como una ola es igual
aunque diferente
a la ola que le sigue en la cola
hasta que se rompe en la orilla.

Un día entre muchos
como hoy mismo
mientras lees un libro
mientras pasas el mocho
mientras fríes un huevo
o te compras un bikini
pensando en calorías
y en conspiraciones patriarcales
o mientras escribes un poema
dando rienda suelta a la marea
de tu inspiradora hipocondría
cuando
una célula
más pequeña que un punto

más pequeña que una mota de polvo
una célula en fin más pequeña
que un pequeño grano de arena
de los que te envolvieron tantas tardes
largas en las playas de tu adolescencia
cuando creyéndote inmortal y hermosa
sirena estilosa
dejabas dorar tu piel
bajo los rayos del sol mediterráneo
sin ponerte nunca crema.
Un día como otros muchos
cuando no sabías
o sí sabías pero no te importaba
que esas radiantes caricias
te arrastraban al abismo
escribiendo, escondiendo en tu piel
un tatuaje sonriente
con forma de calavera.
Pero me estoy alejando de mi propósito
como un nadador se aleja sin darse cuenta de la orilla
las frases me crecen cuanto más me esfuerzo por volver
a tierra.
Mira ahí la bandera roja que te avisaba del peligro
y mírate a ti con tu trágica hubris sólo pendiente
del cuerpo del socorrista con su cruz en el pecho
del gusto de tu propio cuerpo avanzando entre las olas
anticipando los besos de la ducha fresca
tras la merienda de la tarde
el tacto del after sun
el aroma del pelo limpio y mojado
el orgasmo disfrazado de vestidito blanco

sobre tu piel tostada y ruborosa
la caricia de las miradas de los hombres
en el paseo de la tarde.
Un día llega cuando una célula
quemada de tanto trasiego
harta de tanto calor
de tanta brazada inútil
presa del desengaño
enfadada con tantas pequeñas penas
que inundan nuestra existencia cotidiana
y se meten tristemente en nuestros poros
como un grano enquistado un día de cita
un día entonces esta célula desgraciada
esta célula cabrona que nunca respetó las reglas
a la que no pidieron el teléfono esa noche en la disco
una célula a la que no le da la gana
ser una célula como las demás células
se pone a taconear como una loca
esparciendo su mierda
echándoles arena en los ojos a sus amigas
que estaban escuchando los 40 Principales
pese a quien pese duela a quien duela
y se rebela contra su comunidad de células
iros todas al infierno, pavas,
y la muy puta va y se convierte en melanoma.
Y ahí empieza la fiesta apta sólo para adultos,
el taconeo flamenco
primero tipo rumba
una lágrima cayó en la arena
luego empieza a llorar de veras
pobre niña de los peines

y acaba con el trágico y solitario ay
del cante de las minas.
A las flores excesivas
de su vestido empiezan a salirles
patas hermosas
como yedras flexibles
con cada giro con cada enfado
los flecos de su bata de cola se enredan
se deshilachan y empiezan a estirarse
y a abrazar, a estrangular a sus hermanas
y a danzar con ellas su danza de la muerte
las pobres células que no habían roto nunca un plato
todas paseando por el paseo de Cullera con la misma ropa
y el mismo color de uñas en los pies
hasta que todas ellas mosquitas muertas
las muy cabronas hijas de puta
quién lo hubiera dicho de ellas
que pensabas que eran tus amigas
se te rebelan todas juntas
te arman la marimorena
se escapan de casa
se vuelven autoestopistas
drogatas heroínas pastilleras
se marchan a Ibiza
sin marearse en el barco
sin pagar billete
y sin avisar a sus padres
y un buen día se apoderan
de todo tu cuerpo amado
de tu piel hermosa, sedosa y lisa
y te matan no sin robarte antes

la cartera, y tiran tu cadáver
por la borda y tú apareces
junto con otros peces
a la mañana siguiente en la playa
envuelta en un macabro traje de lunares.

Walking Around (Anuncio de compresas)

> Sucede que me canso de ser hombre.
>
> Pablo Neruda

Sucede que me canso de ser mujer.
Me canso de tus veinte poemas de amor
y de tu falsa canción desesperada.
Dónde está ahora la chica que inspiró esos versos,
mientras tus palabras vagan por la mente
de locas como yo, amargándonos la vida.
Nosotras somos los pobres buzos ciegos,
los astronautas desconectados de la nave madre
girando en una órbita que desemboca
en un agujero negro
rodeado de pelos:
a ver cuándo te depilas.
No aguanto a las esteticiennes. Me duele
que me arranquen los pelos de las cejas,
pero me duele no gustarte.
Me duele tener que charlar
en la peluquería
fingir que soy alegre
en amable agorafobia.
Me duelen los tacones que me pongo cada día
mientras camino con una mezcla de aire de mujer fatal
que no ha roto nunca un plato.
No quiero caerme, no quiero.

Pero he roto muchos platos en la vida.
Con mi imaginación, lo único
que nadie puede quitarme
ni con cera caliente ni con fría.

A veces cuando paseo por las calles
me saludan las maniquíes de un Zara
con más simpatía que la escuálida dependienta
que lleva diez horas a seis euros sin contar el transporte
para plegar sus sueños de grandeza
y guardarlos en las mangas de los suéters
donde no molesten con sus impertinentes villancicos
que hablan de reyes que no existen
y de príncipes que no cuidan de sus princesas
para eso no hubiera probado tantos tratamientos
para encogerme las caderas
tantas torturas, tanto vendarnos
los pies para encogernos el alma,
tantas horas planchándote el pelo
y el alma, tanto callarme, tanto sonreír
para esto.

Sucede que me cansa tener que trabajar más que tú
para ganar mucho menos.
Sucede que me canso de cuidar a los hijos
que llevarán tu nombre.
Hijos de puta.

Me canso de hablar y de pedir y protestar en silencio
Porque me enseñaron a callar
y a hablar en voz baja

y a sonreír
y a no pedir nada.
Me enseñaron que no debo levantar la voz
ni desear.
Por eso no me gusta
hablar en voz alta
prefiero escribir mis gritos
cuando me quito los tacones
al llegar a casa
y desear cosas prohibidas
a través de los libros.
Mis orgasmos no son
sino poéticas epifanías.

Algunos días me invade la tristeza cuando te veo,
chica en los huesos que fui yo,
y me invade la nostalgia, lo reconozco, porque ya no veo
mis huesos
porque ya no paso hambre y tengo buenas caderas
y pechos y estas manos que trabajan y limpian y cocinan
y escriben
y que alimentan a mis hijos
me cansa que los políticos hablen de mi vientre
como si fuera suyo
y que me miren el culo
y que no me lo miren
porque si no te miran no eres nadie:
sólo servimos para reflejar deseos ajenos
y devolverles a los hombres una foto
mejorada de ellos mismos.
Las fotos no tienen arrugas

me voy a retocar el alma,
borrarme la memoria
aunque qué gusto que la dejen a una
tranquila
paseando por la calle sin pegarte
esos piropos asquerosos que te violan
porque te lo mereces
por ir por ahí provocando, guarra,
y volviendo a mirarte, chica
que estás en los huesos,
me acuerdo de cuánta hambre he pasado
para tener contento a un hombre invisible
y para que las revistas
no me interroguen con sus portadas amenazantes,
para no ver los anuncios,
las danzas de la muerte,
que fingen querer ayudarnos a sonreír
con golosinas rellenas de veneno
presas nos tienen en nuestras jaulas
y nos miran las muñecas
como la bruja a Hansel y a Gretel.
Cuando estemos en el peso correcto,
vendrán a devorarnos. Prepárate.
Si te pones fea no te devorarán
pero te matarán de hambre. Prepárate.
Me canso de ti y te odio, pensando en cuántas
calorías has comido hoy
y calculando cómo quemarlas
mientras haciendo el cálculo y tomando
cocacolas light se te va la vida
y perdemos esta guerra

que ganaremos con nuestros hijos amarrados a nuestras
piernas
gordas
cortándonos un pecho como las amazonas
para poder luchar mejor. Para que nos dejen en paz
para dejar de escuchar la tele
lejana con sus tratamientos de belleza.
Qué esfuerzo tan grande sonreír al mundo
que nos quiere muertas
muertas de hambre
y sonriendo
con cara de putas de lujo.
Cómo odio los anuncios de compresas.
A algunos les vendría bien ponerse un tampón en la boca.

No me digas que sonría
si me duelen las entrañas. No puedo parar de hacerlo
aunque se me pongan ojos de loca. Venga,
dame una pastilla porque no puedo
aguantar más este largo paseo, este paraíso
repleto de serpientes sin manzanas.
Nos han engañado a todas. Ninguna
de nosotras será reina, y menos mal
que para cada Pablo hay una Gabriela.
Por suerte ya tengo más de treinta años
y no tengo que ir a la discoteca los fines de semana.
A que me pellizquen los hombres con sus ojos
y me odien las mujeres. A bailar como una caníbal
hasta que me chorreen de sangre los zapatos
hasta ser devorada por el ritmo de la noche.
Puedo ir al cuarto de baño yo solita.

Por suerte ahora
tengo tiempo y cabeza para poner
este odio en palabras y dejarte en paz a ti,
pobre chica que estás en los huesos,
por suerte ahora puedo colgar mis trapos
dejarlos que se aireen
aunque te moleste con mi olor a sardinas,
con mi odio, con mi leche agria,
con mi sangre putrefacta.

Me gusta ser mujer.

www.ingramcontent.com/pod-product-compliance
Lightning Source LLC
Chambersburg PA
CBHW022016080426
42733CB00007B/625